# Mein Farbenzauber-Märchen-Malbuch

# Die Schnee-königin

AF287016

Ein Märchen von
Hans Christian Andersen

Nacherzählt von Susanna Davidson

Illustrationen:
Barbara Bongini

Gestaltung: Brenda Cole
Digitale Bearbeitung: Pete Taylor

Tauche den Pinsel in Wasser und male mit ihm über die schwarzen Muster und Linien. Wie von Zauberhand füllen sich die Bilder mit Farben.

Damit das Wasser nicht von einer Seite zur nächsten durchnässt, lege die Klappe des Umschlags unter die Seite, die du ausmalen möchtest.

Ein böser Kobold erschuf einst einen Zauberspiegel, in dem alles Gute schlecht
und hässlich aussah. Seine Gehilfen trugen den Spiegel in den Himmel hinauf,
doch dabei fiel er herunter und zersplitterte in unzählige Scherben.

Viele Jahre später lebten zwei Freunde, Gerda und Kai, in benachbarten Dachkammern.
Die Häuser standen so dicht beisammen, dass sich ihre offenen Fenster fast berührten.
Die Kinder spielten gern zusammen und züchteten Rosen in ihren Blumenkästen.

Eines Winterabends erzählte Gerdas Großmutter ihnen die Geschichte von der Schneekönigin, die ein Herz aus Eis hatte. Kurz darauf sah Kai die Schneekönigin vor dem Fenster. Sie starrte ihn mit harten, kalten Augen an.

„Au!", rief Kai, als die Schneekönigin ihn mit den Splittern des Koboldspiegels traf. Von diesem Augenblick an war er wie verwandelt und wurde kaltherzig und grausam. Alles Schöne erschien ihm nun hässlich.

Im nächsten Winter fuhr die Schneekönigin in ihrem weißen Schlitten vorbei.
Sie nahm Kai mit sich fort und küsste ihn zwei Mal. Der erste Kuss betäubte
sein Herz, der zweite ließ ihn alles Gute vergessen.

Gerda war untröstlich und machte sich auf die Suche nach Kai.
Sie lief und lief, bis sie an einen Fluss kam, an dessen Ufer ein kleines Boot
auf und ab wippte. „Führst du mich zu Kai?", fragte sie den Fluss.

Das Boot trieb zu einem wunderschönen Garten. Dort lebte eine Zauberin,
die Gerda bei sich behalten wollte. Sie verzauberte das Mädchen, sodass Gerda
ihr früheres Leben nur noch wie ein Traum vorkam.

Gerda wäre wohl für immer in diesem Garten geblieben, hätte sie nicht
eines Tages eine Rose am Hut der alten Frau gesehen. Die Blume erinnerte
sie an Kai. „Ich muss ihn finden!", rief sie und lief aus dem Garten.

Als sie durch einen finsteren Wald irrte, traf Gerda eine Krähe und erzählte dieser ihre Geschichte. „Ich weiß, wo dein Freund ist", krächzte die Krähe und brachte sie zu einem Schloss, in dem ein schlafender Junge lag. Doch es war nicht Kai.

Gerdas Schluchzen weckte den Jungen. Sie tat ihm leid und er gab ihr eine goldene Kutsche für ihre Weiterreise. In der Nacht wurde sie jedoch von Räubern überfallen. Sie schleppten die Kutsche, mitsamt Gerda, in ihre Burg.

„Habt ihr Kai gesehen?", fragte Gerda. Die Räuber schüttelten die Köpfe,
doch die Tauben unter dem Dach gurrten: „Er ist im hohen Norden, im Schloss
der Schneekönigin. Das Rentier kann dir den Weg zeigen."

Gerda und das Rentier machten sich auf in den eisigen Norden.
Schillernde Nordlichter wiesen ihnen den Weg. Doch als sie ankamen,
stießen sie auf die Wachen der Schneekönigin: Schneeflocken in Bärengestalt.

„Ich muss hier warten", sagte das Rentier. Gerda ging tapfer weiter und aus ihrem Atem bildeten sich schützende Engel. Sie rannte in das Schloss, rief nach Kai und fand ihn auf einem gefrorenen See. Sein Herz war zu Eis erstarrt.

Als Gerda Kai weinend umarmte, brachten ihre Tränen sein gefrorenes Herz
zum Schmelzen. Er war wieder er selbst, ihr bester Freund. Gemeinsam ließen
sie das eisige Schloss und die Schneekönigin für immer hinter sich.

Das Rentier brachte die Kinder wieder nach Hause. „Ihr habt die Schneekönigin besiegt!", jubelte die Großmutter und drückte Gerda und Kai fest an sich. Die Rosen in den Blumenkästen nickten mit den Köpfen. Es sah fast so aus, als lächelten sie.